Plätzchen

für Weihnachten und das ganze Jahr

Johanna Handschmann

Plätzchen

für Weihnachten
und
das ganze Jahr

Low Carb
+
Glutenfrei

Jedes Rezept mit Nährstoff-Info zu
Kohlenhydrat-, Eiweiß- und Fettgehalt

Einfach zuzubereiten
Alle Rezepte mehrfach geprüft
Produktinformationen zu Low Carb-Backzutaten

Bibliografische Information der Deutschen Nationalbibliothek:

Die Deutsche Nationalbibliothek verzeichnet diese Publikation in der Deutschen Nationalbibliografie; detaillierte bibliografische Daten sind im Internet über http://dnb.dnb.de abrufbar.

© 2015

Text und Rezepte:	Johanna Handschmann (j.handschmann@t-online.de)
Cover-Design:	Dr. Wolfgang Handschmann (handschmann@t-online.de)
Fotos:	Dr. Wolfgang Handschmann
Sprache:	Deutsch: neue Rechtsschreibung
Herstellung und Verlag:	BoD-Books on Demand, Norderstedt
ISBN:	9 783743 102392

Dieses Werk ist in allen seinen Teilen urheberrechtlich geschützt. Jede Verwertung von Titel, Text, Rezepten, Tabellen oder Bildern außerhalb der engen Grenzen des Urheberrechtsgesetzes ist ohne schriftliche Zustimmung der Autorin unzulässig und strafbar. Das gilt für alle Arten von Vervielfältigungen, fotografischen Kopien aller Art, Übersetzungen, Speicherung und Versendung auf elektronischem Wege.

Die Inhalte des vorliegenden Buches wurden von der Autorin nach bestem Wissen und Gewissen erstellt und mit größter Sorgfalt geprüft. Alle Rezepte in diesem Buch wurden von der Autorin persönlich bearbeitet und mehrfach auf Durchführbarkeit und Geschmack geprüft.

Trotz allem können Fehler nie vollständig ausgeschlossen werden. Die Autorin übernimmt daher keinerlei juristische Verantwortung sowie Haftung für Schäden, die aus dem Gebrauch dieses Werkes oder Teilen daraus entstehen. Ebenso übernimmt die Autorin keine Gewähr für Vollständigkeit des Inhalts. Markennamen oder Warenzeichen, die hier genannt werden sind Eigentum der rechtmäßigen Inhaber.

Johanna Handschmann

war Dozentin für Ernährungslehre an der Pädagogischen Hochschule Karlsruhe und Hauswirtschaftslehrerin. Sie hat in den letzten 3 Jahrzehnten mehr als 30 Kochbücher veröffentlicht.

Heute lebt sie am Bodensee und arbeitet sie als freie Autorin (z.B. für den Südwest/ Bassermann Verlag) und als Ernährungscoach.

Sie ist Expertin für individuelle Ernährungssituationen wie z.B. LowCarb, Stoffwechseltypernährung, glutenfreie Ernährung und Rotationsdiät. Sie ist weiterhin Fachautorin für kreative Fleisch-, Fisch-, und Gemüseküche, vegetarische Ernährung, Vollwertkost, Trennkost.

Alle Plätzchen auf einem Blick

Inhalt

Alle Plätzchen auf einem Blick ... 6

Vorwort ... 9

Warum Glutenfrei + LowCarb? ... 9

Diese Zutaten brauchen Sie ... 11

Süßungsmittel für die LowCarb Küche ... 11

   Meine Zucker-Alternativen zum Backen ... 11

   Süßkraft, Geschmack, Backverhalten ... 12

   "Ersatz-Mehle" für die LowCarb-Küche ... 14

Sonstige Zutaten für die Plätzchen-Bäckerei: ... 15

Rezepte ... 16

   Butter-Gebäck ... 16

   Orangen-Makronen ... 18

   Cantuccini ... 20

   Knusprige Samen-Nuss-Plätzchen ... 22

   Amaretti ... 24

   Schnelle Elisenlebkuchen ... 26

   Vanillekipferl ... 28

   Orangen-Schoko-Plätzchen ... 30

   Mandel-Schoko-Kringel ... 32

   Zartknusprige Amaranth-Chia-Plätzchen ... 34

   Kokosmakronen ... 36

   Schoko-Cookies ... 38

   Sonnenblumenplätzchen mit Chia-Samen ... 40

Walnussstangen 42

Zimtsterne 44

Spritzgebäck beliebter Klassiker 46

Kühles-Kokos-Konfekt 48

Schokotrüffel 50

Schokoladenglasur, selbst gemacht 52

Weitere aktuelle Bücher von Johanna Handschmann 54

Vorwort

Süß und LowCarb, geht dies überhaupt? Können Plätzchen ohne Zucker oder Mehl richtig gut schmecken? Beide Fragen können mit einem großen **JA** beantwortet werden. Es geht sehr gut, man braucht nur ein paar spezielle Zutaten, die passenden Rezepte und los geht´s. Ein Buch für alle, die möglichst wenig Kohlenhydrate zu sich nehmen möchten und trotzdem gerne naschen wollen.

Seit Jahren praktiziere ich aus gesundheitlichen Gründen für mich LowCarb als ideale Ernährungsrichtung und kann feststellen, dass man auch ohne Fabrikzucker und normalen Backgetreiden, wie Weizen und Co. nicht auf traditionelle Plätzchen-Genüsse verzichten muss.

Das Mini-Backbuch enthält meine liebsten Plätzchenrezepte, die **glutenfrei** sind und **gleichzeitig besonders wenige Kohlenhydrate** enthalten. Zum Süßen verwende ich **keinen** weißen oder braunen Industriezucker, sondern nur Alternativen, die

- keine oder nur wenige Kalorien enthalten,
- den Blutzuckerspiegel nicht in die Höhe treiben und
- guten Geschmack bringen.

Warum Glutenfrei + LowCarb?

Glutenfreie Gebäcke können genau so viele Kohlenhydrate enthalten wie glutenhaltige Gebäcke, in ungünstigen Kombinationen sogar noch mehr. Daher ist es eigentlich nur konsequent, wenn man bei Beachtung von glutenfreien Kohlenhydraten auch gleich die Gesamtmenge an Kohlenhydraten im Auge behält und mit in die Ernährungsplanung einbezieht. Das ist das Optimum für die Nährstoffverteilung einer ausgewogenen Ernährung, vor allem für die eiweißorientierten Ernährungstypen.

Hier ein Beispiel, wie groß die Unterschiede im Kohlenhydratanteil bei dem gleichen Plätzchenrezept zwischen "glutenfrei mit normalem Zucker" und "glutenfrei plus LowCarb" sein können.

Beispiel Buttergebäck – Vergleich LowCarb ⇔ Traditionell:

LowCarb-Rezept aus diesem Buch:
Nährwert Info: Kohlenhydrate 3 %, Eiweiß 21 %, Fett 76 %
1725 Kcal für die ganze Rezeptmenge von ca. 400 g.

Traditionelles Buttergebäck:
Nährwert Info: Kohlenhydrate 65 %, Eiweiß 1 %, Fett 34 %
1800 Kcal für die ganze Rezeptmenge von ca. 400 g.

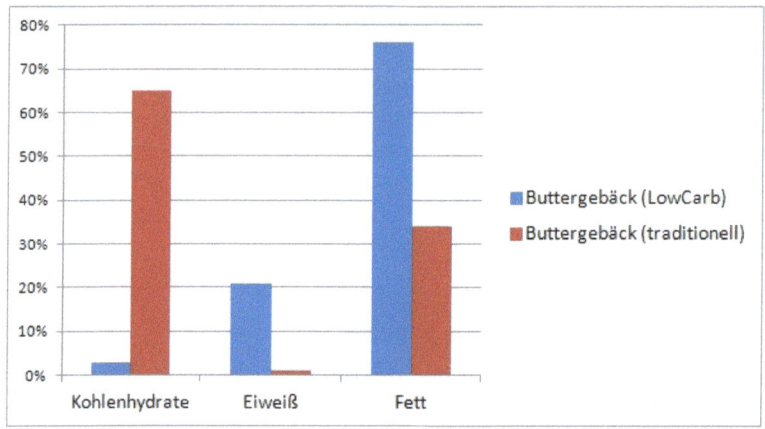

Erschrecken Sie nicht über den hohen Fettgehalt, denn dies ist normal, wenn die Kohlenhydrate reduziert werden, steigen Eiweiß- und Fettgehalt an. Fette sind wichtig für den guten Geschmack und dienen der Sättigung.

Diese Zutaten brauchen Sie

Um diese LowCarb Plätzchen backen zu können, brauchen Sie nur wenige Zutaten, die etwas anders sind als die gewohnten Backzutaten:
- ein geeignetes Süßungsmittel, das den Insulinspiegel nicht bzw. kaum in die Höhe treibt und
- anstelle von kohlenhydrathaltigen Getreidemehlen andere zum Backen geeignete Nuss-bzw. Samenmehle.

Süßungsmittel für die LowCarb Küche

Die **idealen Süßungsmittel für die LowCarb Küche** sind die Süßungsmittel, die NULL oder WENIG Kalorien haben. Da gibt es nur 2 Vertreter: zum einen **"Erythrit" oder "Erythritol"**, ein Zuckeralkohol (der aber keinen Alkohol enthält) und aus natürlichen Zutaten wie z.b. Mais gewonnen wird. Dieser Zucker-Ersatzstoff ist praktisch kalorienfrei, natürlich, zahnfreundlich und treibt den Insulinspiegel nicht in die Höhe. Aus diesem Grund ist Erythritol auch ideal für Diabetiker.
Der andere bekannte "Null-Kalorien-Süßstoff" ist **Stevia**. Da die Süßkraft der beiden ganz unterschiedlich ist (und somit die Rezeptmengen unterschiedlich sein müssten), habe ich in diesem Buch nur mit einer Sorte, und zwar mit **Erythrit** gearbeitet. Wenn Sie die Rezepte mit Stevia zubereiten wollen, rechnen Sie die Zuckermenge bitte nach Ihren Erfahrungen bzw. den Produktangaben entsprechend um. Natürlich können Sie die Rezepte auch mit anderen Süßungsmitteln herstellen, dann steigt aber auch der Kohlenhydratgehalt in dem Rezept an.

Meine Zucker-Alternativen zum Backen

Der Zucker-Austauschstoff **Erythrit** gehöret wie **Xylit** zur Gruppe der "Zucker-Alkohole". Sie haben keine (Erythrit) bzw. weniger Kalorien (Xylit) und die gleiche (Xylit) oder ähnliche Süßkraft (Erythrit) wie Haushaltszucker. Zusätzlich können sie noch mit einer ganz besonders positiven Eigenschaft glänzen, sie sind **gut** für die Zähne. Es gibt zahlreiche Untersuchungen und Studien, die die positiven Auswirkungen dieser Zucker bestätigen. Meine persönlichen Erfahrungen mit diesem Süßungsmittel sind sehr gut.
Allerdings möchte ich noch darauf hinweisen, dass es in seltenen Fällen beim Verzehr größerer Mengen (z.B. **mehr** als 1 g pro kg Körpergewicht pro Tag) blähende oder abführende Wirkungen eintreten könnten, wie manche

Berichte beschreiben. Ich konnte bisher keine derartigen Erfahrungen machen. Meine Plätzchenrezepte enthalten in der Regel pro Rezept nur etwa 70-100 g Erythrit, und dies für etwa 40-60 Plätzchen pro Rezept. Das macht etwa 1-2 g pro Plätzchen! Erythrithaltige Süßungsmittel bekommt man inzwischen auch schon in vielen Supermärkten und Biomärkten. Diese Alternativprodukte sind zwar etwas teurer als normaler Zucker, aber dafür bringen Sie auch viele andere Vorteile. Erythrit wird unter verschiedenen Handelsnamen angeboten, wie z.b. "Sukrin", "Sucolin", "Neue Süße" oder auch in Kombinationen mit Stevia wie z.b. "Kristalline Streusüße", die es auch im Supermarkt gibt. Auf den Packungsangaben finden Sie dazu entsprechende Dosierungshinweise. Nach meinen Erfahrungen kann man die Mengen sogar noch etwas niedriger halten, und trotzdem wohlschmeckende Plätzchen herstellen. Erythrit ist kristallin wie Zucker. Puderzucker aus Erythrit kann man ganz einfach im Kleinmixer herstellen oder als Fertigprodukt kaufen (z.b. "Sukrin Melis"). **Zuckeralkohole sind unverträglich für manche Tiere** (z.b. Hunde, Kaninchen und Ziegen), da diesen ein Leber-Enzym fehlt, um diese Zucker zu verstoffwechseln.

Süßkraft, Geschmack, Backverhalten

Die Süßkraft von Erythrit liegt etwas unter der des Kristallzuckers, sie beträgt im Vergleich zu Kristall-/Haushaltszucker etwa 70 %. Dies sollten Sie bedenken, wenn Sie eigene Rezepte damit zubereiten möchten und etwas mehr von diesem Süßungsmittel verwenden. Der Geschmack des Gebäcks ist bei Verwendung von Erythrit etwas "Kühl wirkend" aber nur minimal, wie ich finde. Das Gebäck wird etwas weicher, als wenn es mit Kristallzucker zubereitet wird.

Der zweite in dem Buch verwendete Alternativzucker ist "**Kokosblütenzucker**", den ich gerne für Rezepte verwende, die etwas knuspriger werden sollen. Er ist inzwischen auch schon in vielen Geschäften und Supermärkten erhältlich. Kokosblütenzucker hat zwar Kohlenhydrate jedoch einen niedrigeren glykämischen Index (ca. 35) als andere Zucker (ca. 70). Mit diesem Wert liegt Kokosblütenzucker unter dem GI-Wert der meisten anderen Süßungsmittel. Kokosblütenzucker und Kokosblütensirup verwende ich sehr gerne dann, wenn ich beim Backen einen besonders milden und karamellartigen Geschmack erzielen möchte. Außerdem enthalten beide viele Nährstoffe und Mineralien, wie z.B. Kalium, Magnesium, Zink oder Eisen und sind eine natürliche Quelle für die Vitamine B1, B2, B3, B6 und C. Auch ein hoher antioxidativer Wert spricht für diesen Zucker.

Kokosblütenzucker enthält folgende Zuckerarten: etwa drei Viertel Saccharose, und nur wenig Glucose und Fructose. Der Preis für diesen besonderen Zucker ist etwas höher als bei den anderen alternativen Zuckerarten, dafür bietet er auch besondere Mehrwerte. Die Gewinnung dieses Zuckers ist bei den meisten Anbietern nachhaltig und ökologisch. Sehen Sie diesen Zucker wie ein edles Gewürz an.

"Ersatz-Mehle" für die LowCarb-Küche

Bei meinen LowCarb-Rezepten verwende ich als Getreide- bzw. Mehl-Ersatz kohlenhydratarme Zutaten, sogenannte "Protein-Mehle" aus Nüssen oder Samen, wie z.b. Mandel-Eiweiß-Mehl das unter dem Namen "Mandel-Proteinpulver Bio" im Handel ist und aus teilentölten Mandeln gewonnen wird. Für den Einstieg reicht es, wenn Sie zwei oder drei Sorten vorrätig haben. Ich habe in diesem kleinen Buch Basiszutaten verwendet, die Sie auch für viele andere Zwecke einsetzen können, z.b. um sogenannte "Eiweißbrote" zu backen.

(Hinweis: Mein **"Mini-Backbuch, Eiweißbrote"** gibt es demnächst als E-Book).

Mehl-Alternativen, die ich in diesem Buch verwendet habe:
Erhältlich im Internet-Fachhandel oder in sehr gut sortierten Bio-Märkten. Preisvergleich lohnt sich!

Bezeichnung	Kcal	%-Anteil pro 100 g		
		Kohlenhydrate	Eiweiss	Fett
Kokosmehl	400	18,0	14,0	18,0
Mandelmehl / Mandel-Proteinpulver	375	4,5	50,0	13,5
Mandelmehl fein gem. Mandeln	570	3,7	18,7	54,1
Leinsamenmehl	323	3,9	40,3	8,8
Gemahlene Haselnüsse	637	10,5	12,0	61,6
Walnusskerne	655	10,6	14,4	62,5
Kokosraspeln/-flocken	679	7,1	7,0	66,0

Die o.g. Angaben beziehen sich auf die Herstellerangaben der von mir verwendeten Produkte. Sie können von Hersteller zu Hersteller leicht unterschiedlich sein.

Beachten Sie, dass es für die Bezeichnung der Nussmehle keine einheitlichen Bezeichnungen gibt. So wird z.B. im Handel "Mandelmehl" angeboten, das können einfach gemahlene Mandeln sein, aber auch ein Mandel-Proteinpulver. Daher die Inhaltsangabe der Packung kontrollieren, ob es sich um die eiweißreiche Variante oder um "gemahlene Mandeln" handelt. Die in den Supermärkten erhältlichen Mandelmehle sind in der Regel gemahlene Mandeln. Diese sind ideal für viele meiner Plätzchenrezepte. Für manche Rezepte sind aber auch die eiweißreichen Nussmehle sehr gut geeignet.

Sonstige Zutaten für die Plätzchen-Bäckerei:

Fett/Öle:

Butter und natives Kokosfett (Kokosöl) und Kokosmus/Kokoscreme z.B. von "Dr. Goerg, Premium Coconut Products".

Sonstiges:

Eier Größe M, Sahne 30 % Fettgehalt, Erythrit, Kokosblütenzucker, Nüsse, Mandeln, Walnüsse, Schokolade "edelbitter" mit über 70 %, am besten über 80 % Kakaoanteil, Kakao oder Carob, Vanilleschoten ganz oder gemahlen, Johannisbrotkernmehl, Backpulver.

Benötigte Geräte und Utensilien:

Rührgerät, Kleinmixer, Backblech, Backpapier oder Dauerbackfolie, Teigrolle, Ausstecher, Gebäckspritze, Kuchengitter zum Auskühlen des Gebäcks.

Allgemeine Hinweise zum Backen:

Backöfen können unterschiedliche Temperatureinstellungen haben, daher bitte das Backergebnis immer noch zusätzlich beobachten.

Rezepte

Butter-Gebäck

Der beliebte Klassiker für beliebige Ausstecherformen bzw. -motive in einer mehl- und zuckerfreien Variante.
Nährwert Info:
Kohlenhydrate 4 %, Eiweiß 21 %, Fett 75 %

Zubereitungszeit: 30 Minuten
Kühlzeit: 60 Minuten
Backzeit: 10-15 Minuten

Für etwa 60 Stück
125 g Butter
80 g Erythrit
1 Prise Salz
1 TL gemahlene Vanille oder etwas Vanille-Öl

2 Eigelb
- Butter mit Süßungsmittel, Salz und Vanille cremig rühren. Eigelb einrühren.

50 g Mandelmehl/Mandel-Proteinpulver
100 g geschälte Mandeln, fein gemahlen
1 TL Johannisbrotkernmehl
3/4 TL Backpulver
- Mandelmehl, gemahlene Mandeln, Johannisbrotkernmehl und Backpulver dazugeben und alles zu einem geschmeidigen Teig verarbeiten.
- Den Teig zu Rollen formen und in Folie gepackt für 30-60 Minuten kühl stellen.
- Ein Backblech mit Backtrennpapier auslegen.
- Den Backofen auf 180 °C (Umluft 160 °C, Gas Stufe 2-3) einstellen.
- Den gekühlten Teig in 2 Portionen **am besten zwischen 2 Klarsichtfolien** auswellen, mit beliebigen Förmchen ausstechen und auf das Blech setzen.

1 Eigelb
1 EL Sahne
Gehackte Mandeln oder Schokostreusel
- Eigelb mit Sahne verquirlen und die Plätzchen damit bestreichen.
- Nach Belieben noch mit gehackten Mandeln oder Schokostreuseln bestreuen.
- Plätzchen auf der mittleren Schiene in 10-12 Minuten goldgelb backen. Auf dem Blech auskühlen lassen, dann erst vorsichtig vom Blech nehmen.

Tipp1:
Wenn es schnell gehen muss, können Sie von der Teigrolle etwa 5 mm dicke Scheiben abschneiden und diese als "einfache" Plätzchen backen
Tipp2:
Wenn der Teig beim Auswellen zu weich wird, einfach **in der Folie** für einige Minuten in Kühlschrank oder Tiefkühlfach legen, dann wird er schnell wieder kalt und fest und lässt sich leichter ausstechen.

Orangen-Makronen

Ein raffinierter Genuss und saftiger Geschmack durch die frisch pürierten Orangen.
Nährwert Info:
Kohlenhydrate 12 %, Eiweiß 30 %, Fett 57 %

Vorbereitungszeit für Orangenpüree: 1 Stunde
Zubereitungszeit: 20 Minuten
Backzeit: 15-20 Minuten

Für etwa 50 Stück

Für die Orangenmasse:

1 kleine BIO-Orange mit dünner Schale und ohne Kerne (Navel)

- Die Orange gründlich mit warmem Wasser abwaschen, in einen Topf geben, soviel Wasser einfüllen, dass die ganze Frucht bedeckt ist. Das Wasser zum Kochen bringen und die Orange etwa 50 Minuten kochen.
- Die gekochte Orange aus dem Wasser nehmen und etwas abkühlen lassen. Die Frucht grob zerteilen, eventuell vorhandene Kerne entfernen, die Fruchtstücke in einen Mixbecher geben und mit Mixstab oder Mixer zu Püree zerkleinern.

2 Eier
70 g Erythrit
- Eier mit 1-2 EL heißem Wasser in 1-2 Minuten schaumig rühren. Süßungsmittel dazugeben und 2-3 Minuten weiterschlagen, bis sich die Kristalle aufgelöst haben.

50 g geschälte Mandeln, fein gemahlen
50 g feine Kokosflocken
20 g Mandelmehl/Mandel-Proteinpulver
1 TL (5g) Kokosmehl
1 TL abgeriebene Schale einer Bio-Zitrone
Etwa 100 g vorbereitete Orangenmasse
- Gemahlene Mandeln mit Kokosflocken, Mandelmehl, Kokosmehl und Zitronenschale vermischen und löffelweise unter die cremige Eimasse heben. 100 g des vorbereiteten Orangenpürees dazugeben.
- Den Backofen auf 160 °C (Umluft 140 °C, Gas Stufe 1-2) einstellen und ein Backblech mit Backtrennpapier auslegen.
- Mit 2 Teelöffeln kleine Häufchen mit 1 cm Abstand aufs Blech setzen. Die Makronenplätzchen auf der mittleren Schiene des Backofens 15-20 Minuten backen.

Zum Verzieren Schokoladenglasur:
50 g dunkle Schokoladen-Ganache, nach dem Rezept "Schokoladenglasur"
- Die Plätzchen mit der Glasur dekorativ verzieren.

Tipp:
Sie können das Orangenpüree auch gut einen Tag vorher zubereiten, da es sich gut im Kühlschrank einige Tage hält. Man kann es auch sehr gut einfrieren. Wenn Sie gleich die doppelte Menge zubereiten, haben Sie auch gleich eine wunderbare schnelle Orangenkonfitüre, die Sie, je nach Süße der Früchte, gar nicht oder nur noch wenig süßen können.

Cantuccini

Das beliebte italienische Gebäck ist ein beliebter Knuspergenuss zu Espresso und Vin Santo.
Nährwert Info:
Kohlenhydrate 5%, Eiweiß 36%, Fett 59%

Zubereitungszeit: 30 Minuten
Backzeit: 20-25 Minuten

Für etwa 60 Stück
2 Eier
2 EL heißes Wasser
100 g Erythrit

- Eier mit 2 EL heißem Wasser steifschlagen. Süßungsmittel dazugeben und noch 2-3 Minuten weiterrühren. Vanillezucker und Zitronenschale einrühren.
- Den Backofen auf 180 °C (Umluft 160 °C, Gas Stufe 2) einstellen und ein Backblech mit Backtrennpapier auslegen oder fetten.

25 g geschälte Mandeln, fein gemahlen
50 g Mandelmehl/Mandel-Proteinpulver
¼ TL Backpulver
150 g ganze Mandeln, ungeschält
½ TL gemahlene Vanille
Einige Tropfen Bittermandelaroma
3 EL Amaretto-Likör, ersatzweise Rum

- Gemahlene Mandeln und Mandelmehl mit dem Backpulver vermischen und mit den ganzen Mandeln, Vanille, Bittermandelaroma und Amaretto unter die Schaummasse heben.

- Den Teig zu 3-4 cm dicken Rollen formen, diese auf das Backblech legen und leicht flachdrücken. Die Teigstücke in etwa 25 Minuten goldgelb backen.

- Das Blech aus dem Ofen nehmen und das Gebäck abkühlen lassen.

- Mit einem scharfen Sägemesser mit kräftigem Druck in 1-2 cm breite Streifen schneiden.

Knusprige Samen-Nuss-Plätzchen

Diese kleinen Energiepakete schmecken das ganze Jahr über und sind ideale kleine Pausensnacks bei Arbeit oder Sport.
Nährwert Info:
Kohlenhydrate 12 % , Eiweiß 32%, Fett 56%

Zubereitungszeit: 40 Minuten
Backzeit: 8-10 Minuten

Für etwa 40 Stück

2 Eier
40 g Erythrit
20 g Chia-Samen
- In einer Schüssel Eier mit Süßungsmittel verrühren, bis die Masse cremig ist. Chia-Samen einrühren und etwas quellen lassen.

50 g Sonnenblumenkerne
50 g Mandelstifte
50 g Kürbiskerne
- in einer Metallpfanne unter ständigem Rühren leicht rösten. Die Pfanne beiseite stellen und die Zutaten leicht abkühlen lassen.

Schale und Saft von 1 Bio-Zitrone
50 g weiche Butter
50 g feingewürfeltes Zitronat
15 g Mandelmehl/Mandel-Proteinpulver

- Zitrone heiß abwaschen und die Schale dünn abreiben. Zitronenschale, Butter, Zitronat und Mandelmehl zu den noch warmen Zutaten in die Pfanne geben und alles vermischen.
- Den Backofen auf 160 °C (Umluft 140 °C, Gas Stufe 1-2) einstellen und ein Backblech mit Backtrennpapier auslegen oder fetten.
- Die Knuspermasse in die Ei-Masse einrühren. Mit 2 Teelöffeln kleine Häufchen mit 1 cm Abstand aufs Blech setzen. Die Plätzchen auf der mittleren Schiene des Backofens 15-20 Minuten backen.

Variante

Mit anderen Nuss-oder Samenkernen

Amaretti

Diese piemonteser Spezialität schmeckt auch in der LowCarb-Variante sehr gut.
Nährwert Info:
Kohlenhydrate 5 %, Eiweiß 28 %, Fett 67 %

Zubereitungszeit: 30 Minuten
Backzeit: 25-30 Minuten

Für etwa 60 Stück

2 Eier oder 3 Eiweiß
2 EL heißes Wasser
1 Prise Salz
120 g Erythrit, puderfein gemahlen (z.B. Sukrin Melis)

- Eier oder Eiweiß mit 1-2 EL heißem Wasser und dem Salz steif schlagen. Das Süßungsmittel nach und nach dazugeben und weiterrühren bis die Masse cremig ist.

250 g geschälte Mandeln, fein gemahlen
6 Tropfen Bittermandel-Aroma oder 1 EL Amaretto-Likör
Schale und Saft von 1/2 Bio-Zitrone
½ TL Backpulver
1 TL gemahlene Vanille
1 Prise Zimt
Evtl. noch: 3-4 EL Rum, Amaretto oder Wasser

- Mandeln, Bittermandelaroma und /oder Amarettolikör, Zitronenschale und -saft, sowie Backpulver, Vanille und Zimt vorsichtig unterheben.
- Den Backofen auf 160 °C (Umluft 140 °C, Gas Stufe 1-2) einstellen und ein Backblech mit Backtrennpapier auslegen.
- Mit 2 Teelöffeln, einer Gebäckspritze oder Spritzbeutel 2-3 cm große Teighäufchen aus Blech setzen oder spritzen. Bei Verwendung einer Gebäckspritze sollte der Teig etwas weicher sein, dafür evtl. noch 1-2 EL Amaretto, Rum oder Wasser einrühren.
- Die Makronen auf der mittleren Schiene 25-30 Minuten backen. Die Makronen sollen innen noch leicht feucht sein.

Schnelle Elisenlebkuchen

Mein schnellstes und liebstes Lebkuchenrezept, das auch mit anderen Nusssorten zubereitet werden kann.
Nährwert Info:
Kohlenhydrate 29 %, Eiweiß 20 %, Fett 52 % (ohne Oblaten berechnet)

Zubereitungszeit: 30 Minuten
Backzeit: 15-20 Minuten

Für etwa 30 Stück

2 Eier
1 Prise Salz
30 g Erythrit
1 /4 TL gemahlene Nelken
1 /4 TL gemahlene Muskatblüte
1 TL Zimtpulver
Schale von 1/2 Bio-Zitrone

- Eier mit 1-2 EL heißem Wasser schaumig schlagen. Salz und Süßungsmittel einrühren und weiterschlagen, bis eine cremige Masse entstanden ist.
- Nelken, Muskat und Zimtpulver und 2 TL Zitronenschale dazugeben.

125 g Mandeln
125 g Haselnüsse
50 g Zitronat
50 g Orangeat
3-4 EL Rum, Amaretto oder Wasser
Glutenfreie Backoblaten oder Backpapier
- Die Hälfte der Haselnüsse und Mandeln fein mahlen. Die restlichen Nüsse, das Zitronat und Orangeat mittelgrob hacken.
- Die zerkleinerten Nüsse und Mandeln, Zitronat und Orangeat auf die Masse geben und vorsichtig unterheben. Die Masse soll weich und geschmeidig sein. Evtl. noch etwas Flüssigkeit dazugeben.
- Den Backofen auf 170 °C (Umluft 150 °C, Gas Stufe 2) einstellen und ein Backblech mit den Oblaten oder dem Backpapier belegen.
- Mit 2 Teelöffeln etwa 5 cm große Teigportionen auf das Blech oder die Oblaten setzen. Die Lebkuchen auf der mittleren Schiene des Backofens 15-20 Minuten backen.

Für die Glasur
50 g dunkle Schokoladen-Ganache, nach dem Rezept "Schokoladenglasur"
- Die Glasur streifenförmig über die Lebkuchen laufen lassen oder hälftig mit der Glasur bestreichen. Die Lebkuchen auf einem Kuchengitter auskühlen lassen.

Tipp:

Ideal zum Zerkleinern von Nüssen und kandierten Früchten sind die sogenannten Kompakt-Mixgeräte, mit denen man auch kleinere Mengen gut zerkleinern kann.

Vanillekipferl

Dürfen auf keinem Plätzchenteller fehlen.
Nährwert Info:
Kohlenhydrate 4 %, Eiweiß 34 %, Fett 62%

Vorbereitungszeit: 40 Minuten
Kühlzeit: 30-60 Minuten
Backzeit: 12-15 Minuten

Für etwa 40 Stück (1 Backblech)

100 g weiche Butter
70 g Erythrit
2 Eigelb oder 1 kleines Ei
1 TL gemahlene Vanille
1 Prise Salz

- Butter mit Süßungsmittel cremig rühren. Ei oder Eigelb, Vanille und Salz einrühren und noch 2-3 Minuten rühren.

125 g Mandelmehl/Mandel-Proteinpulver
100 g geschälte Mandeln, fein gemahlen
1 TL Johannisbrotkernmehl

- Mandelmehl, gemahlene Mandeln und Johannisbrotkernmehl dazugeben und alles zu einem geschmeidigen Teig verarbeiten.
- Den Teig zu Rollen formen und in Folie gepackt für 30-60 Minuten kühl stellen.
- Ein Backblech mit Backtrennpapier auslegen. Von der Teigrolle etwa 5 mm dicke Scheiben abschneiden und längs der Handfläche zu 7-8 cm langen Rollen formen, die sich nach außen hin verjüngen.
- Den Backofen auf 180 °C (Umluft 160 °C, Gas Stufe2-3) einstellen.
- Die Kipferl auf der mittleren Schiene in 12-15 Minuten hellbraun backen.

Zum Wälzen
2 TL gemahlene Vanille
30 g Erythrit, puderfein gemahlen (siehe Tipp unten)
30 geschälte Mandeln, fein gemahlen

- Die Mandeln mit Vanille und "Puderzucker" vermischen. Die gebackenen Kipferl noch warm in der Vanille-Mandel-"Zucker"-Mischung wälzen und auf einem Kuchengitter auskühlen lassen.

Tipp:
Wenn Sie einen Mixer haben, können Sie Puderzucker bzw. die Mischung zum Wälzen selbst herstellen, indem Sie Vanille (Schotenstücke vorgeschnitten), Erythrit und Mandeln zusammen sehr fein mixen.

Orangen-Schoko-Plätzchen

Eines meiner Lieblings-Plätzchen Rezepte die das ganze Jahr schmecken.
Nährwert Info:
Kohlenhydrate 27 % (niedriger GI), Eiweiß 23 %, Fett 50 %

Zubereitungszeit: 20 Minuten
Kühlzeit: 1 Stunde
Backzeit: ca.15 Minuten

Für etwa 80 Stück

100 g Mandelmehl/Mandel-Proteinpulver
100 g geschälte Mandeln, fein gemahlen
50 g Leinsamenmehl
1 gestrichener TL Backpulver
100 g Kokosblütenzucker
1TL gemahlene Vanille
- Die o.g. trockenen Zutaten in einer Schüssel mischen.

Schale und Saft von 1 Bio-Orange, ersatzweise 5 TL getrocknete Orangenschale

- Orange mit heißem Wasser abwaschen, trocknen und die Schale dünn auf die Teigzutaten reiben. Die Orange auspressen und 2-3 EL dazugeben.

1 Ei
125 g kühle Butter
100 g Edelbitter-Schokolade mit 85 % Kakao, ersatzweise Schokoblättchen (edelbitter)

- Ei dazugeben. Die Butter in Stückchen daraufsetzen. Alles zu einem Teig verkneten.
- Die Schokolade auf einem großen Brett mit einem scharfen schweren Messer in kleine Stücke schneiden/hacken. Die Schokolade in den Teig einarbeiten.
- Aus dem Teig 3-4 Rollen mit etwa 3 cm Durchmesser formen und auf ein Brettchen legen. Die Rollen mit Klarsichtfolie bedecken und mit einem zweiten Brett etwas flachdrücken. Den Teig für etwa 1 Stunde kalt stellen.
- Backofen auf 180 °C (Umluft 160 °C, Gas Stufe 2-3) einstellen. Das Blech mit Backtrennpapier auslegen.
- Von den Teigstücken mit einem scharfen Messer 5-6 mm dicke Scheiben abschneiden und aufs Blech legen.
- Die Plätzchen auf der mittleren Schiene des Backofens ca.15 Minuten backen, bis die Ränder leicht gebräunt sind. Die warmen Plätzchen auf ein Kuchengitter geben und auskühlen lassen.

Info: Damit diese Plätzchen knusprig werden, habe ich Kokosblütenzucker verwendet. Sie können das Rezept aber auch mit 125 g Erythrit zubereiten.

Mandel-Schoko-Kringel

Ein klassisches Schweizer Rezept, bekannt als "Basler Brauns" in einer Kohlenhydrat-Light Variante
Nährwert Info:
Kohlenhydrate 10 %, Eiweiß 26 %, Fett 64 %

Arbeitszeit: 40 Minuten
Kühlzeit: 30 Minuten
Backzeit: 15-20 Minuten

Für etwa 40 Stück
250 g Mandeln, fein gemahlen
100 g Edelbitter-Schokolade, 85 % Kakao, fein zerkleinert
1/2 TL gemahlene Vanille
1/2 TL Zimt
1 Messerspitze gemahlene Nelken
1 Prise Salz
1 EL Kokosmehl

- Mandeln und Schokolade mit den Gewürzen und Kokosmehl in einer Schüssel mischen.

2 Eier
2 EL heißes Wasser
120 g Erythrit oder 100 g "Erythrit mit Stevia" (Supermarkt)
1 Gläschen Kirschwasser (2 cl)

- Die Eier mit dem heißen Wasser schaumig schlagen. Süßungsmittel einrühren und solange rühren bis die Masse cremig ist.
- Die gemischten trockenen Zutaten auf die Masse geben und zusammen mit dem Kirschwasser vorsichtig unterheben. Der Teig sollte weich und cremig sein. Die Masse 30 Minuten kühl stellen.
- Den Backofen auf 180°C (Umluft 160 °C, Gas Stufe 2) einstellen und ein Backblech mit Backtrennpapier auslegen
- Die Masse zu einer Rolle formen und in eine Gebäckspritze oder Spritzbeutel füllen. Mit großer Tülle S-Bögen oder Kringel auf das Blech spritzen. Sie können die Masse auch zwischen Klarsichtfolie auswellen und beliebige Formen ausstechen.
- Die Plätzchen auf der mittleren Schiene 15-20 Minuten backen.

Tipp:
Mandeln und Schokolade können Sie auch mit den Gewürzen in einen Mixer geben und zusammen zerkleinern.

Zartknusprige Amaranth-Chia-Plätzchen

Diese Plätzchen sind sehr zart und schmecken am besten frisch aus dem Ofen. Sie sind immer schnell gemacht und passen auch besonders gut zu einem Eis-Dessert.

Nährwert Info:
Kohlenhydrate 25 % (niedriger GI), Eiweiß 17 %, Fett 57 %

Zubereitungszeit: 15 Minuten
Backzeit: 15-20 Minuten

Für etwa 30 Stück
50 g Butter
- In einem kleinen Topf die Butter zerlassen und leicht abkühlen lassen.

30 g (2-3 EL) Kokosblütenzucker
1 /2 TL gemahlene Vanille
30 g Mandelmehl/Mandel-Proteinpulver
30 g geschälte Mandeln, fein gemahlen
10 g Amaranth-Pops
10 g Chia-Samen

½ TL Backpulver
70 g Sahne

- In einer kleinen Schüssel Süßungsmittel, Vanille, Mandelmehl, fein gemahlene Mandeln, Amaranth, Chia-Samen und Backpulver vermischen. Sahne und die zerlassene Butter dazugeben und alles zu einer geschmeidigen, relativ flüssigen Masse verrühren. Sollte die Masse zu fest sein, noch etwas Sahne dazugeben.
- Den Backofen auf 180 (160 Grad Umluft, Gas Stufe 2-3) einstellen und ein Backblech mit Backtrennpapier auslegen.
- Mit 2 Teelöffeln kleine Häufchen mit etwa 5 cm Abstand auf das Blech setzen und flachstreichen.
- Die Plätzchen auf der mittleren Schiene im Backofen 15-20 Minuten backen, bis sie an den Rändern leicht gebräunt sind.
- Die zarten Plätzchen auf dem Blech auskühlen lassen, bis sie fest sind.

Variante:
Anstelle von Amaranth-Pops passen auch Kokosflocken.

Kokosmakronen

Dieser Plätzchenklassiker ist ideal für die glutenfreie Ernährung.
Nährwert Info:
Kohlenhydrate 8 %, Eiweiß 13 %, Fett 79 % ohne Kuvertüre

Zubereitungszeit: 30 Minuten
Abkühlzeit: 10 Minuten
Backzeit: 20-25 Minuten

Für etwa 60 Stück
100 g Kokosraspel
2-3 Eiweiß
70 g Erythrit
1 TL abgeriebene Schale einer Bio-Zitrone
1 EL Zitronensaft
1 Prise Salz
½ EL Kokosmehl

- Kokosraspel mit Eiweiß, Süßungsmittel, Zitronenschale und -saft, Salz und Kokosmehl in einen breiten Topf geben und verrühren. Bei mittlerer

Hitze etwa 10 Minuten erhitzen, aber nicht kochen (Die Masse soll sich heiß anfühlen). Dabei gelegentlich mit einem Rührlöffel über den Topfboden rühren.
- Die Masse leicht auskühlen lassen.
- Den Backofen auf 160°C (Umluft 140 °C, Gas Stufe 1-2) vorheizen.
- Mit 2 Teelöffeln kleine Portionen auf das Backpapier setzen.
- Die Makronen auf der mittleren Schiene 20-25 Minuten backen.

Für die Glasur
50 g dunkle Schokoladen-Ganache, nach dem Rezept "Schokoladenglasur"
- Die Glasur in beliebigen Mustern über die Makronen laufen lassen.

Variante
In die abgekühlte Masse etwa 50 g Schokostreusel einrühren. Die Kokosflocken können Sie auch durch gemahlene Mandeln, Walnüsse oder Haselnüsse ersetzen.

Tipp
Die Makronenrezepte mit der erhitzten Grundmasse sind besonders unkompliziert und gelingen leicht. Durch dieses "Abrösten" wird die Masse besonders homogen und das Gebäck wird schön saftig.

Schoko-Cookies

Diese unkomplizierten Schoko-Plätzchen schmecken das ganze Jahr und sind schnell und einfach zubereitet.
Nährwert Info:
Kohlenhydrate 5 %, Eiweiß 24 %, Fett 72 %

Arbeitszeit: 30 Minuten
Backzeit: 15-20 Minuten

Für etwa 50 Stück
125 g weiche Butter
125 g Erythrit oder 100 g Kokosblütenzucker
1 TL gemahlene Vanille
¼ TL Salz, z.B. "Fleur de sel"
- Butter mit Süßungsmittel, Vanille und Salz cremig rühren.

70 g Haselnüsse oder Mandeln, fein gemahlen
70 g Mandelmehl/Mandel-Proteinpulver
30 g Kakao
½ TL Johannisbrotkernmehl
½ TL Natron oder Backpulver
1-2 EL Sahne oder Rum

- Gemahlene Mandeln, Mandelmehl, Kakao, Johannisbrotkernmehl und Natron vermischen und in die Buttercreme einrühren.
- Der Teig soll weich und geschmeidig sein. Sollte er zu fest sein noch etwas Sahne oder Rum einrühren.
- Den Backofen auf 180 °C (Umluft 160 °C, Gas Stufe 2-3) einstellen. Das Blech mit Backtrennpapier auslegen.
- Aus dem Teig mit zwei Teelöffeln walnussgroße Portionen im Abstand von 3 cm aufs Blech setzen oder mit einer Gebäckspritze ohne Tülle aufs Blech spritzen.
- Die Cookies auf der mittleren Schiene des Backofens 15-20 Minuten backen.

Variante:
Diese Plätzchen schmecken auch sehr gut mit 50 g Walnüssen, fein- oder grobgehackt. Zusätzlich können Sie auch etwas geriebene Orangen- oder Zitronenschale oder feingehackte Trockenfrüchte dazugeben.

Sonnenblumenplätzchen mit Chia-Samen

Nährwert Info:
Kohlenhydrate 8 %, Eiweiß 29 %, Fett 62 %

Arbeitszeit: 25 Minuten
Backzeit: 10-12 Minuten

Für etwa 40 Stück
100 g Sonnenblumenkerne
- Die Sonnenblumenkerne in einer Pfanne ohne Fett unter Rühren leicht anbräunen, danach auf einem Teller auskühlen lassen. Die Hälfte der abgekühlten Sonnenblumenkerne im Mixer oder Elektrohacker fein zerkleinern

60 g Sonnenblumenöl
80 g Erythrit oder 60 g Kokosblütenzucker
2 Eier
1 TL gemahlene Vanille

- Das Öl mit Süßungsmittel, Eiern und der Vanille schaumig rühren.

70 g Mandelmehl/Mandel-Proteinpulver
70 g Mandeln, fein gemahlen
1 EL Chia-Samen
1TL Backpulver
30 g Schokolade edelbitter, fein gehackt oder Schokoblättchen
2-3 EL Sonnenblumenkerne zum Verzieren

- Mandelmehl, gemahlene Mandeln, die zerkleinerten und die ganzen gerösteten Sonnenblumenkerne, Schokolade und Backpulver vermischen, in die cremige Masse geben und unterheben. Die Masse soll cremig sein, evtl. noch etwas Flüssigkeit (Sahne, Wasser oder Rum) dazugeben.
- Den Backofen auf 180 °C (Umluft 160 °C, Gas Stufe 2) einstellen und ein Backblech mit Backtrennpapier auslegen.
- Mit 2 Teelöffeln walnussgroße Häufchen mit 4 cm Abstand aufs Blech setzen.
- Sonnenblumenkerne darüber streuen.
- Die Plätzchen auf der mittleren Schiene 10-12 Minuten backen, bis sich die Ränder leicht bräunen.
- Die Plätzchen erst 5 Minuten auf dem Blech auskühlen lassen, dann erst auf ein Kuchengitter setzen und auskühlen lassen.

Walnussstangen

Besonders raffiniert schmecken diese Plätzchen, wenn Sie die Zitrone mit fein gehackter Ingwerwurzel ergänzen.

Nährwert Info:
Kohlenhydrate 11 %, Eiweiß 23 %, Fett 65 % ohne Glasur

Arbeitszeit: 30 Minuten
Backzeit: 12-15 Minuten

Für etwa 50 Stück
150 g Walnusskerne
20 g Mandelmehl/Mandel-Proteinpulver
1 unbehandelte Zitrone

- Walnusskerne fein mahlen und mit dem Mandelmehl mischen. Die Zitrone heiß abwaschen, die Hälfte der Schale abreiben und einen EL Saft auspressen.

2 Eiweiß
1 Prise Salz
1 EL Zitronensaft
100 g Erythrit
- Eiweiß mit Salz und Zitronensaft steifschlagen. Süßungsmittel dazugeben und weiterschlagen bis die Masse cremig ist.

1 TL gemahlene Vanille
1/4 TL Zimt
- Nussmischung mit Vanille und Zimt auf die Schaummasse geben und vorsichtig unterheben.
- Den Backofen auf 140 °C (Umluft 140 °C, Gas Stufe 1/ 2) einstellen und ein Backblech mit Backtrennpapier auslegen.
- Die Masse in einen Spritzbeutel oder Gebäckspritze mit großer Sterntülle füllen und etwa 5 cm lange Stangen auf das Blech spritzen. Die Walnussstangen auf der mittleren Schiene 12-15 Minuten backen.

Für die Glasur

Ca. 50 g dunkle Schokoladen-Ganache, nach dem Rezept "Schokoladenglasur"
- Die Glasur in beliebigen Mustern über die Walnussstangen laufen lassen.

Zimtsterne

Dieser beliebte Klassiker schmeckt auch im Sommer gut! Anstelle von Sternen machen sich auch Zimtherzen sehr gut z.B. zu einem Espresso.
Nährwert Info:
Kohlenhydrate 5 %, Eiweiß 26 %, Fett 69 %

Arbeitszeit: 40 Minuten
Ruhezeit: mindestens 30 Minuten
Backzeit: 10-15 Minuten

Für etwa 50 Stück
2 Eiweiß
1 Prise Salz
100 g Erythrit, puderfein gemahlen oder Erythrit Puderzucker (z.B. Sucrin Melis)
- Eiweiß mit Salz zu Schnee schlagen. Puderzucker dazugeben und cremig rühren.
- 2-3 EL der Masse für den Guss abnehmen und in ein kleines Schälchen geben.

150 g Mandeln, fein gemahlen
50 g Haselnüsse, fein gemahlen
2 TL Zimtpulver
Einige Tropfen Bittermandelaroma

- Die geriebenen Mandeln und Nüsse mit Zimt und Bittermandelaroma vermischen und vorsichtig unter die Eiweiß-Zucker-Masse heben.
- Ein Backblech mit Backtrennpapier auslegen. Die Masse zwischen zwei Stück Klarsichtfolie etwa 7 mm dick auswellen. Die obere Folie abnehmen und die Glasur mit einem Pinsel nicht zu dick aufstreichen.
- Ein Schälchen mit heißem Wasser bereitstellen. Einen Stern-Ausstecher vor jedem Ausstechen zuerst in das heiße Wasser tauchen und die Zimtsterne so eng wie möglich ausstechen und dicht auf das Blech legen.
- Den restlichen Teig wieder auswellen, mit Glasur bestreichen und die restlichen Sterne ausstechen. Dem Teig vor dem Auswellen evtl. noch einige gemahlene Nüsse zugeben, da er durch die Glasur etwas weicher werden kann.
- Die Plätzchen vor dem Backen nach Möglichkeit mindestens 30 Minuten trocknen lassen.
- Den Backofen auf 140 °C (Umluft 120 °C, Gas Stufe 1) einstellen und die Zimtsterne 15 bis 20 Minuten **mehr trocknen als backen** lassen. Die Plätzchen sind fertig wenn Sie auf der Unterseite nur noch leicht feucht sind, d.h. wenn Sie sich leicht verschieben lassen

Tipp 1:
Zimtsterne dürfen nicht zu lange backen und nicht zu trocken werden, damit Sie innen noch saftig sind. Sollten Plätzchen aus Makronenteig einmal zu hart geworden sein, zu den Plätzchen in die Dose einfach 2-3 Apfelschnitze legen. Diese nach 2-3 Tagen wieder entfernen.

Tipp 2:
Wenn Sie etwas Zeit haben, können Sie die Nüsse vor dem Zerkleinern auf einem Blech im Backofen etwa 15-20 Minuten rösten. Dann leicht abkühlen lassen und im Mixer zerkleinern. Dadurch wird das feine Nuss-Aroma noch verstärkt.

Spritzgebäck beliebter Klassiker

Nährwert Info:
Kohlenhydrate 6 %, Eiweiß 17 %, Fett 77 %

Arbeitszeit: 40 Minuten
Kühlzeit: 30-60 Minuten
Backzeit: 10-15 Minuten

Für etwa 40 Stück
125 g weiche Butter
100 g Erythrit oder 80 g Erythrit mit Stevia (Supermarkt)
1 TL gemahlene Vanille
1 Ei
1 Prise Salz

- Butter mit Zucker und Vanille cremig rühren. Ei und Salz einrühren und noch 2-3 Minuten rühren.

200 g geschälte Mandeln, fein gemahlen
150 g Haselnüsse, fein gemahlen
10 g Mandelmehl/Mandel-Proteinpulver

1 TL Johannisbrotkernmehl
1 TL Kokosmehl
1-2 EL Rum oder Sahne

- Gemahlene Mandeln und Haselnüsse mit Mandelmehl, Johannisbrotkernmehl und Kokosmehl und Rum oder Sahne zu der Buttercreme geben und einarbeiten. Der Teig darf nicht zu fest sein, damit er sich durchpressen lässt. Eventuell noch etwas Flüssigkeit dazugeben. Den Teig zu Rollen formen und in Folie gepackt für 30-60 Minuten kühl stellen.
- Den Backofen auf 180 °C (Umluft 160 °C, Gas Stufe 2) einstellen und ein Backblech mit Backtrennpapier auslegen.
- Die Teigrolle in eine Gebäckspritze oder Fleischwolf geben und beliebige Kringel oder Kreise aufs Blech spritzen. Das Spritzgebäck auf der mittleren Schiene in 10-15 Minuten goldbraun backen. Wenn Sie keine Gebäckspritze haben

Tipp1:
Wenn der Teig länger gekühlt wurde ist er relativ fest. Lassen Sie ihn dann kurz bei Zimmertemperatur liegen oder wärmen Sie ihn mit den Händen leicht an, damit er sich leichter durchpressen lässt. Wenn Sie keine Gebäckspritze haben können Sie die Teigrollen auch einfach in 5-7 mm dicke Scheiben schneiden und einfache Taler backen oder Sie formen aus dem Teig dünne Rollen, die Sie dann beliebig formen können.

Tipp2:
Spritzgebäck wird traditionell auch gerne mit einer Schokoglasur dekoriert. Sie können dazu die "**Schokoglasur**" verwenden.

Kühles-Kokos-Konfekt

Dieses "Eis"-Konfekt ist eine ideale Begleitung zu einem heißen Espresso.

Nährstoff Info:
Kohlenhydrate 14 %, Eiweiß 11 %, Fett 75 %

Zubereitung: 10 Minuten
Kühlen: 30 Minuten

Für ca. 50 Stück
50 g Kokosfett bzw. Kokosöl ungehärtet (VCO-Qualität)
50 g Kokosmus

- Kokosöl und Kokosmus in einen kleinen Topf geben und bei schwacher Hitze oder im Wasserbad bei schwacher Hitze verflüssigen. Den Topf vom Herd nehmen.

50 g bittere Schokolade, Kakao- oder Carobpulver
1 EL Kokosblütenzucker
1 EL Kokosmehl
1 Prise gemahlene Vanille oder Zimt
30-50 g Kokosflocken oder gehackte Mandeln
Papier-Pralinenförmchen

- Die Schokolade in grobe Stücke brechen und in dem warmen Öl schmelzen lassen oder Kakao oder Carobpulver einrühren.
- Kokosblütenzucker, Kokosmehl und 1 Vanille oder Zimt einrühren.
- Kokosflocken oder gehackte Mandeln zum Schluss unterrühren.
- Die Papierförmchen auf ein kleines Tablett oder einen flachen Teller stellen und mit einem kleinen Löffel die flüssige Masse in die Papierförmchen füllen.
- Das Tablett bzw. Teller mit dem Konfekt in den Kühlschrank stellen, bis die Masse erkaltet und fest ist (ca. 20 bis 30 Minuten).
- Dann in eine verschließbare Dose geben und das Konfekt im Kühlschrank aufbewahren.

Tipp:
Zusätzlich können Sie dieses Konfekt noch mit abgeriebener Zitronen- oder Orangenschale aromatisieren.

Schokotrüffel

Nährstoff Info:
Kohlenhydrate 23 %, Eiweiß 9 %, Fett 68 %

Zubereitungszeit: 30 Minuten
Kühlzeit: 2 Stunden

Zutaten für etwa 50 Stück
75 ml Sahne
25 g Erythrit
100 g zuckerfreie Kuvertüre oder dunkle/bittere Schokolade (70%),
1 EL (20-30 g) Butter
20 g getrocknete Aprikosen
Aromen nach Geschmack z.B. Minzöl, Zitronen- oder Orangenschale
- Sahne mit dem Süßungsmittel in einen kleinen Topf geben und erhitzen bis sich das Süßungsmittel aufgelöst hat.
- Den Topf vom Herd nehmen und etwas abkühlen lassen.
- Die Schokolade in kleine Stücke brechen, mit der Butter dazugeben und schmelzen lassen.

- Die Trockenfrüchte fein hacken und untermischen.
- Die Schokomasse für mindestens 2 Stunden in den Kühlschrank stellen, bis sie fest wird.

Zum Bestäuben:
Kakao, Carob, Kokosflocken oder Erythrit-Puderzucker
- Aus der Masse mit einem Teelöffel walnussgroße Portionen abstechen, diese zu Kugeln formen und nach Belieben in Kakao, Carob, Kokosflocken oder Puderzucker wälzen.

Tipp:
Die Kugeln in Kühlschrank aufbewahren.

Schokoladenglasur, selbst gemacht

Diese Schokoladensahne (Ganache) ist einfach zubereitet und eignet sich zum Dekorieren aber auch zum großflächigen Überziehen von Plätzchen oder Kuchen.

Das Rezept ist für die **Dekoration von 2 bis 3 Plätzchenrezepten** ausreichend. Die Glasur lässt sich gut einige Tage aufbewahren (ca. 5-7 Tage im Kühlschrank). Sie kann auch gut eingefroren werden. Vor der Verwendung einfach ins Wasserbad stellen.

Zubereitungszeit: 10 Minuten

100 g Sahne

125 g dunkle Schokolade, edelbitter, über 70% Kakaoanteil

- Sahne in einem kleinen Topf zum Kochen bringen
- Schokolade grob brechen bzw. hacken und in ein Schälchen geben.
- Die heiße Sahne über die Schokolade gießen, einige Minuten stehen lassen dann die Masse mit einem kleinen Schneebesen rühren, bis sich die Schokolade aufgelöst hat.
- Die Glasur leicht abkühlen lassen und dann mit Pinsel oder Garniertülle auf die Plätzchen streichen bzw. beliebig dekorieren. Die Glasur wird nach dem Aufbringen erst nach einiger Zeit fest, daher einige Stunden stehen lassen.
- Wenn die Ganache nach dem Kühlen wieder streichfähig gemacht werden sollen, einfach kurz ins Wasserbad stellen und kurz verrühren. Wenn sie zu fest sein sollte, wenig Sahne einrühren

Variante:
Zusätzlich kann diese Glasur durch die Zugabe von Rum, Amaretto oder Cointreau aromatisiert werden.

Tipp1:
Wenn Sie Schokolade mit weniger Kakaoanteil verarbeiten müssen Sie die Schokoladenmenge etwas erhöhen (z.B. bei zartbitter 300 g Schokolade).

Tipp2:
Zum Garnieren von feinen Linien einfach ein Pergamentpapier als Tüte falten, Glasur einfüllen und die Spitze abschneiden. Es gibt auch praktische

Garnierflaschen aus Silikon oder Kunststoff, die man auch gleichzeitig zum Anrühren nutzen kann und auch im Wasserbad verwenden kann.

Tipp3 für eine schnelle "Mousse auch Chocolat":

Wenn Sie die abgekühlte Schokoladensahne mit den Mixbesen aufschlagen, erhalten Sie eine wunderbare "Mousse au chocolat", die Sie auch gut zum Füllen von Gebäck verwenden können.

Weitere aktuelle Bücher von Johanna Handschmann

JOHANNA HANDSCHMANN
Suppen & Eintöpfe

Gebundenes Buch, Pappband, 64 Seiten, 20,0 x 28,0 cm
durchgehend vierfarbige Rezeptfotografie
ISBN: 978-3-8094-2631-9
€ 2,99 [D] | € 2,99 [A] | CHF 4,90 * (* unvgl. VK-Preis)

Verlag: Bassermann

JOHANNA HANDSCHMANN
Spargel
Die besten Rezepte für weiße und grüne Köstlichkeiten

Gebundenes Buch, Pappband, 96 Seiten, 21,0 x 28,0 cm
durchgehende Farbfotografie
ISBN: 978-3-8094-5128-5
€ 4,99 [D] | € 4,99 [A] | CHF 7,50 * (* unvgl. VK-Preis)

Verlag: Bassermann

JOHANNA HANDSCHMANN
Kartoffeln

Gebundenes Buch, Pappband, 64 Seiten, 21,0 x 28,0 cm
durchgehend vierfarbige Rezeptfotografie
ISBN: 978-3-8094-2634-0
€ 2,99 [D] | € 2,99 [A] | CHF 4,90 * (* unvgl. VK-Preis)

Verlag: Bassermann